La Nouvelle Loi Fiscale

Loi ayant pour objet la réalisation
d'économies, la création de nouvelles ressources
fiscales et diverses mesures d'ordre financier.

Texte intégral de la Loi du 23 Mars 1924

(EXTRAIT du *Journal Officiel*)

PRIX : **UN franc**

Edité par le Journal " LE PETIT HAVRE "

BUREAUX : 112, Boulevard de Strasbourg.

ADMINISTRATION ET RÉDACTION : 35, Rue Fontenelle.

—

Mars 1924

TABLE

La Nouvelle Loi Fiscale

Loi ayant pour objet la réalisation
d'économies, la création de nouvelles ressources
fiscales et diverses mesures d'ordre financier.

Texte intégral de la Loi du 23 Mars 1924

(EXTRAIT du *Journal Officiel*)

PRIX : **UN franc**

Edité par le Journal " LE PETIT HAVRE "

BUREAUX : 112, Boulevard de Strasbourg.
ADMINISTRATION ET RÉDACTION : 35, Rue Fontenelle.

Mars 1924

LA NOUVELLE LOI FISCALE

Texte intégral de la Loi du 23 Mars 1924

(Extrait du *Journal Officiel*)

Réductions de Dépenses.

Article 1er. — Des réductions dont le total ne devra pas être
inférieur à 1 milliard de francs seront effectuées en 1924 sur les
dépenses de l'Etat.

Le Gouvernement est autorisé, pendant les quatre mois qui
suivront la promulgation de la présente loi, à procéder par des
décrets rendus en Conseil d'Etat, après avoir été approuvés en
Conseil des Ministres, à toutes les réformes et simplifications
administratives que comportera la réalisation de ces économies.
Lorsque les mesures ainsi prises auront nécessité des modifications aux lois en vigueur, les décrets seront soumis à la sanction
législative dans un délai de six mois.

Art. 2. — A partir de la promulgation de la présente loi et jusqu'à la fin de l'exercice 1924, il ne sera procédé dans les services
publics de l'Etat à aucune création d'emploi, ni à aucun recru-
tement de personnel supplémentaire ou auxiliaire, sauf en ce qui
concerne les emplois réservés aux victimes de la guerre.

Toutefois, en cas de nécessité exceptionnelle de service, dans la
limite des lois existantes et des crédits votés par les Chambres,
des dérogations pourront être apportées aux prescriptions du
paragraphe précédent par des décrets contresignés par le Président du Conseil et le Ministre des Finances.

Le Double Décime est institué.

Art. 3. — En addition aux recettes autorisées par la loi du
28 décembre 1923, il sera perçu deux décimes sur tous les impôts,
droits et taxes recouvrés au profit de l'Etat, selon les dispositions
et sous réserve des exceptions prévues par la présente loi.

Art. 4. — En ce qui concerne les impôts directs, le double
décime, institué par la présente loi, sera applicable à partir du
1er janvier 1924 et ne portera que sur le montant des droits sim-
ples et en principal.

En seront, en outre, exemptés, les impôts et taxes énumérés ci-après :

1° Départements autres que ceux d'Alsace et de Lorraine :

Contribution extraordinaire sur les bénéfices de guerre ;

Taxe exceptionnelle de guerre.

2° Alsace et Lorraine :

Impôt sur l'accroissement de la fortune ;

Impôt extraordinaire de guerre.

Les Baux.

Art. 5. — Le 2° alinéa de l'article 19 de la loi du 31 juillet 1917, complété par l'article 13 de la loi du 30 juin 1923, est remplacé par les dispositions suivantes :

« Dans le cas de bail à portions de fruits, le bailleur et le métayer sont personnellement imposés pour la part de revenu imposable revenant à chacun d'eux proportionnellement à leur participation dans les produits. A chaque renouvellement ou modification de bail, le bailleur est tenu de faire connaître à l'administration des contributions directes, dans les délais fixés pour l'enregistrement du bail, la part proportionnelle de chacun. L'abattement ne joue pour le bailleur que sur l'ensemble de ses propriétés.

« En tout état de cause, qu'il s'agisse de bail à ferme ou de colonats partiaires, les propriétaires sont tenus de remettre au contrôleur des contributions directes, à chaque renouvellement de bail ou à chaque modification dans la consistance des exploitations, dans les délais prévus pour l'enregistrement des baux, une déclaration indiquant pour chaque exploitation séparément la contenance et le revenu cadastral de toutes les parcelles rattachées à cette exploitation classées par nature de culture. S'il s'agit de marchés de terre, la déclaration devra indiquer le nom de l'amodiataire.

« A défaut de déclaration, l'impôt est établi au nom du propriétaire. »

Les Droits de Timbres.

Art. 6. — En ce qui concerne les droits de timbre, sont exemptés du double décime prévu à l'article 3 et sous réserve des dispositions spéciales qui font l'objet des articles 7 à 16, les droits et taxes énumérés ci-dessous :

Le droit de timbre des quittances ;

Le droit de timbre des affiches sur le papier ;

Le droit de timbre des chèques et ordres de virement ;

Le droit de timbre des effets négociables et non négociables ;

Le droit de visa des passeports édictés par l'article 15 de la loi du 31 décembre 1917 ;

Le droit de timbre des colis postaux ;

Le droit de timbre des bulletins de bagages ;

Le droit de timbre sur les opérations de bourses de valeurs ou de marchandises.

Les Affiches.

Art. 7. — Le tarif du droit de timbre des affiches sur papier ordinaire, imprimées ou manuscrites, est fixé de la manière suivante, sans addition de décimes :

Pour les affiches dont la dimension ne dépasse pas 15 décimètres carrés : 15 centimes ;

Au-dessus de 15 décimètres carrés jusqu'à 30 décimètres carrés : 30 centimes ;

Au-dessus de 30 décimètres carrés jusqu'à 60 décimètres carrés : 45 centimes ;

Au-dessus de 60 décimètres carrés jusqu'à 120 décimètres carrés : 60 centimes ;

Au delà de cette dimension : 30 centimes en plus par 120 décimètres carrés ou fraction de 120 décimètres carrés.

Le tarif est doublé pour les affiches contenant plus de cinq annonces distinctes.

Les affiches visées par les articles 17 de la loi du 8 avril 1910 et 11 de celle du 30 juillet 1913, sont assujetties à un droit de timbre égal à deux fois celui des affiches sur papier ordinaire.

Chèques et Virements de Banque.

Art. 8. — Le taux du droit de timbre afférent aux chèques et aux ordres de virement en banque est fixé uniformément à 0 fr. 20 centimes sans addition de décimes.

Toutefois, les chèques tirés sur toute autre personne qu'un banquier, un agent de change, le caissier-payeur central du Trésor public, les trésoriers-payeurs généraux, ou les receveurs particuliers des Finances seront, en outre, soumis au droit du timbre de quittance.

Art. 9. — Est fixé à 0 fr. 10 centimes par 100 fr. ou fraction de 100 fr., sans décimes, le tarif du droit proportionnel de timbre applicable :

1° Aux lettres de change, billets à ordre ou au porteur et tous effets négociables ou de commerce ;

2° Aux billets et obligations non négociables ;

3º Aux délégations et tous mandats non négociables, quelles que soient leur forme et leur dénomination, servant à procurer une remise de fonds de place à place.

Dans le cas prévu par l'article 2 de la loi du 5 juin 1850, le droit de timbre est porté au triple de celui qui eût été exigible s'il avait été régulièrement acquitté.

Les effets tirés de l'étranger sur l'étranger et circulant en France continueront à payer le droit proportionnel spécial déterminé par l'article 3 de la loi du 20 décembre 1872.

Les dispositions contraires des lois antérieures sont abrogées.

Passeports.

Art. 10. — Le droit de visa des passeports édicté par les articles 15 de la loi du 31 décembre 1917 et 33, 3º alinéa, de la loi du 27 décembre 1923, est porté à 3 fr. sans décimes.

Connaissements.

Art. 11. — Les quotités du droit de timbre des connaissements, fixées à 2 fr., 1 fr. et 50 centimes en principal par les articles 3, 4 et 5 de la loi du 30 mars 1872, sont portées respectivement aux mêmes taux que ceux afférents au grand papier, au petit papier et à la demi-feuille de petit papier de dimension.

Colis Postaux.

Art. 12. — Les droits de timbre de 0 fr. 10 centimes et 0 fr. 20 centimes auxquels les bulletins d'expédition des colis postaux sont assujettis en vertu des articles 5 de la loi du 3 mars 1881 et 33 de celle du 29 juin 1918, sont portés respectivement à 0 fr. 15 centimes et 0 fr. 25 centimes sans décimes.

Le droit de timbre fixé à 0 fr. 10 centimes par l'article 5 de la loi du 24 juillet 1881 est porté à 0 fr. 15 centimes sans décimes, pour les envois contre remboursement effectués par les colis postaux dont le poids ne dépasse pas 5 kilogr. et à 0 fr. 25 centimes sans décimes, quand le poids des colis postaux dépasse 5 kilogr.

Art. 13. — Le deuxième alinéa de l'article 41 de la loi du 31 juillet 1913 et le deuxième alinéa de l'article 34 de la loi du 29 juin 1918 concernant le droit de timbre des récépissés d'expédition sur les tramways concédés avant le 31 juillet 1913, sont abrogés.

Bulletins de Bagages.

Art. 14. — Le droit de timbre de 0 fr. 10 centimes auquel l'article 35 de la loi du 29 juin 1918 a assujetti les bulletins de bagages est porté à 0 fr. 25 centimes sans décimes.

Opérations de Bourses.

Art. 15. — Le droit de timbre auquel l'article 28 de la loi du 28 avril 1893 soumet toute opération de bourse ayant pour objet l'achat et la vente de valeurs de toute nature est porté à 50 centimes (0 fr. 50) par 1,000 fr. ou fraction de 1,000 francs.

Il est perçu sur le montant de la négociation.

Sur les opérations de report, le droit est élevé à 20 centimes (0 fr. 20) par 1,000 fr. ou fraction de 1,000 francs.

Il n'est pas innové en ce qui concerne les opérations relatives aux rentes sur l'Etat français.

Ventes des Marchandises à terme.

Art. 16. — Le tarif du droit auquel l'article 9 de la loi du 27 février 1912 assujettit les opérations d'achat et de vente des marchandises à terme ou à livrer, traitées aux conditions des règlements établis dans les bourses de commerce, est doublé en ce qui concerne les opérations à terme ou à livrer et en ce qui concerne les opérations de report.

Art. 17. — Seront fixées par décret les dates de mise en vigueur des dispositions : 1° de l'article 3 en ce qui concerne les droits de timbre non payés par abonnement et la taxe instituée par l'article 57 de la loi du 25 juin 1920 ; 2° des articles 7, 10, 11, 12 et 14.

Art. 18. — Les actes dont la date est antérieure à la promulgation de la présente loi ne seront exempts du double décime, en ce qui concerne les droits d'enregistrement, qu'à la condition d'être présentés à la formalité dans les vingt jours qui suivront l'entrée en vigueur de la présente loi.

Droits de Douane.

Art. 19. — En ce qui concerne les perceptions de l'administration des douanes, la surtaxe de 20 p. 100, instituée par l'article 3 de la présente loi, n'est applicable qu'aux recettes effectuées au titre des taxes intérieures.

Art. 20. — Les actes délivrés par le service des douanes portent un timbre particulier, dont le droit est fixé ainsi qu'il suit :

1° Pour les acquits-à-caution, les permis de réexportation par mer, les permis de transbordement, les actes relatifs à la navigation et les commissions d'emploi, 1 fr. 50 ;

2° Pour les acquits-à-caution comprenant exclusivement des colis postaux :

a) Transitant par la France, exemption ;

b) Autres :

Si l'opération porte sur moins de 10 colis, 0 fr. 15 centimes par colis.

Si l'opération porte sur 10 colis et plus, 1 fr. 50 ;

3° Pour les quittances :

Jusqu'à 1 fr., exemption.

De 1 fr. exclusivement à 10 fr. inclusivement, 0 fr. 10 centimes.

Au-dessus de 10 fr., 0 fr. 20 centimes par 100 fr. ou fraction de 100 francs.

4° Pour toutes les autres expéditions, à l'exception des colis postaux transitant par la France, 0 fr. 10 centimes.

Exemptions.

Art. 21. — Sont exemptés du double décime et soumis aux dispositions spéciales énumérées aux articles 22 à 25 qui suivent, les droits et taxes ci-après perçus par l'administration des contributions indirectes :

Les droits de timbre sur quittances et expéditions :

Le droit de 0 fr. 40 centimes par expédition ;

L'impôt sur les spécialités pharmaceutiques ;

L'impôt sur les véhicules automobiles ;

L'impôt sur le sel ;

Le droit de consommation sur le sucre ;

Le droit de consommation sur la chicorée et les autres succédanés du café ;

Le droit de circulation sur les vins, cidres, ainsi que sur les fruits à cidre et à poiré circulant dans les conditions prévues à l'article 2 de la loi du 22 février 1918 ;

L'impôt sur les eaux minérales ;

Le droit de fabrication sur les bières.

Droits de Quittances.

Art. 22. — Le prix des timbres apposés sur les quittances et expéditions est uniformément fixé à 0 fr. 25 centimes.

Art. 23. — Le droit de 0 fr. 40 centimes par expédition est porté à 0 fr. 50 centimes.

Spécialités pharmaceutiques.

Art. 24. — Le tarif de l'impôt sur les spécialités pharmaceutiques est majoré de 0 fr. 05 centimes pour les spécialités dont le prix est compris entre 1 fr. 05 et 2 fr. inclusivement ; de 0 fr. 10 centimes pour celles dont le prix est compris entre 2 fr. 05 et 5 fr. inclusivement ; de 0 fr. 15 centimes pour celles dont le prix est compris entre 5 fr. 05 et 8 fr. inclusivement et de C fr. 20 centimes pour celles dont le prix est compris entre 8 fr. 05 et 10 fr.

Les spécialités dont le prix. est supérieur à 10 fr. supportent une augmentation d'impôt de 0 fr. 10 centimes par 5 fr. ou par fraction de 5 fr.

Véhicules et Canots automobiles.

Art. 25. — Les articles 100 de la loi du 25 juin 1920 et 36 de celle du 31 juillet 1920 sont remplacés par les dispositions suivantes :

A compter du premier jour du trimestre suivant la promulgation de la présente loi, les droits sur les véhicules automobiles autres que ceux visés à l'article 42 de la loi du 30 juin 1923, sont fixés comme suit :

Sommes à payer annuellement :

1° Motocyclettes avec side-cars : par motocyclette avec side-car, 60 francs ;

2° Cycles-cars : par cycle-car, 120 francs ;

3° Voitures automobiles assujetties à un tarif de transport arrêté par une autorité publique : par cheval-vapeur ou fraction de cheval-vapeur, avec minimum d'imposition de 5 chevaux-vapeur, 36 francs ;

4° Véhicules automobiles autres que ceux figurant dans les trois catégories précédentes : par cheval-vapeur ou fraction de cheval-vapeur avec minimum d'imposition de 5 chevaux-vapeur : du premier au dixième cheval-vapeur, 36 fr. ; au-dessus du dixième cheval-vapeur, 44 francs.

Pour les voitures servant au transport des personnes, les chevaux-vapeur au-dessus du vingtième sont taxés à raison de 52 fr. par cheval-vapeur.

Les bateaux de toute forme et de tout tonnage munis d'un moteur mécanique et destinés à la navigation de plaisance à l'intérieur des eaux territoriales (maritimes ou fluviales) sont soumis aux mêmes formalités que les véhicules automobiles et passibles d'une taxe de 10 fr. par cheval-vapeur ou fraction de cheval-vapeur et par an, avec minimum d'imposition de 3 chevaux-vapeur.

Un dixième du produit total de l'impôt sera attribué aux départements pour être réparti dans les conditions déterminées par l'article 35 de la loi du 31 juillet 1920.

Le permis de circulation doit être renouvelé au cas de chanment de domicile hors de la circonscription de la recette. Les droits sont dus jusqu'à déclaration de cesser, souscrite à la recette buraliste, et dépôt du permis de circulation.

Chemins de Fer.

Art. 26. — La date de mise en vigueur des dispositions de l'article 3 de la présente loi, en ce qui concerne l'impôt proportionnel sur les transports en chemins de fer, et de l'article 24, en ce qui concerne l'impôt sur les spécialités pharmaceutiques, sera fixée par décret.

Les Mutations de Fonds de Commerce et de Navires.

Art. 27. — Le deuxième alinéa de l'article 3 de la loi du 17 mars 1909 est modifié comme suit :

« L'extrait ou avis, fait en exécution du précédent alinéa, devra être, à peine de nullité, précédé soit de l'enregistrement de l'acte contenant mutation, soit, à défaut d'acte, de la déclaration prescrite par le deuxième alinéa de l'article 8 de la loi du 28 février 1872 ; il devra, sous la même sanction, rapporter les date, volume et numéro de la perception, ou, en cas de simple déclaration, la date et le numéro du récépissé de cette déclaration et, dans les deux hypothèses, l'indication du bureau où ont eu lieu ces opérations. Il énoncera, en outre, la date de l'acte, les noms, prénoms et domiciles de l'ancien et du nouveau propriétaire, la nature et le siège du fonds, l'indication du délai ci-après fixé pour les oppositions et une élection de domicile dans le ressort du tribunal. »

Art. 28. — Le quatrième alinéa de l'article 24 de la loi du 25 juin 1920 est remplacé par les dispositions suivantes :

« Sont soumises au droit proportionnel de 5 p. 100, sans décimes, les mutations à titre onéreux de propriété ou d'usufruit, soit totales, soit partielles, de navires et bateaux de toute nature servant à la navigation maritime ou à la navigation intérieure, dont la jauge nette est supérieure à 100 tonnes. Le droit est perçu soit sur l'acte ou le procès-verbal de vente, soit sur la déclaration faite pour obtenir la francisation ou l'immatricule au nom du nouveau possesseur.

« A défaut d'acte, de procès-verbal de vente ou de déclaration en vue d'obtenir la francisation ou l'immatricule, le droit est perçu sur une déclaration faite au bureau de l'enregistrement dans les trois mois de la mutation. A défaut de payement du droit dans les trois mois de la mutation, l'ancien et le nouveau possesseur sont tenus chacun d'un droit en sus, personnellement et sans recours, nonobstant toute stipulation contraire.

« Sont applicables aux dissimulations de prix les dispositions des articles 12 et 13 de la loi du 23 août 1871 ; 7 de la loi du 27 février 1912 ; 7, 8, 9, 10 et 14 de la loi du 18 avril 1918.

« Les insuffisances de prix peuvent être constatées par expertise, dans les deux ans de l'enregistrement de l'acte ou de la déclaration de la mutation.

« Il sera perçu un droit en sus sur le montant de l'insuffisance, outre les frais d'expertise, si l'insuffisance excède un huitième du prix exprimé dans l'acte ou la déclaration. »

Art. 29. — Les articles 3, 4 et 5 de la loi du 27 mai 1918 sont abrogés et remplacés par les dispositions suivantes :

« En cas d'insuccès des préliminaires de conciliation amiable, les insuffisances d'évaluations immobilières en matière de mutations à titre gratuit, entre vifs ou par décès, et d'échanges, seront constatées par voie d'expertise de la valeur des immeubles .au jour de la mutation ; il sera procédé dans les formes prescrites par l'article 5 de la loi du 27 février 1912 et par les dispositions non contraires des lois antérieures.

« L'insuffisance reconnue avant la notification de la requête en expertise ne donnera lieu à aucune pénalité : le redevable acquittera seulement le droit simple sur le supplément d'estimation. Il en sera de même de l'insuffisance constatée ou reconnue après la notification de ladite requête, si cette insuffisance n'excède pas le sixième de la valeur déclarée. Si l'insuffisance excède le sixième de la valeur déclarée, le redevable acquittera, outre le droit simple sur le supplément d'estimation, un droit en sus et les frais de l'expertise. En toute hypothèse, le redevable qui ne sera pas passible du droit en sus, acquittera un intérêt de retard calculé au taux de 6 p. 100 sur le montant du complément de droit simple à compter du jour de l'enregistrement de l'acte ou de la déclaration constatant la mutation. »

Les Valeurs étrangères dans les Successions.

Art. 30. — Lorsqu'une personne de nationalité française ou un étranger domicilié en France décédera, après avoir apporté des biens meubles ou immeubles situés en France à une société constituée à l'étranger avec ses enfants ou tous autres ayants-droit à sa succession, l'administration de l'enregistrement pourra, dans les trois mois qui suivront la déclaration de succession, exercer, au profit du Trésor, le droit de préemption sur la part du défunt dans ladite société, en offrant de verser la valeur attribuée à cette part dans ladite déclaration et le dixième en sus.

Art. 31. — Lorsque les dividendes, intérêts, arrérages et tous autres produits des valeurs mobilières étrangères soumises par les lois en vigueur à des droits et taxes équivalents à ceux qui atteignent les valeurs françaises, sont stipulées payables soit en francs, soit en monnaies étrangères, au choix des porteurs, soit en or, et qu'ils sont touchés en monnaies étrangères, l'excès de valeur en monnaies françaises au cours du jour du payement sur leur montant nominal en francs français supporte l'impôt de 10 p. 100.

L'acquittement de cette taxe incombe aux personnes visées par les articles 35 à 37 de la loi du 29 mars 1914.

L'impôt est assis et perçu sur les bases et dans les conditions fixées par les articles 34 à 39 de la loi du 29 mars 1914 et par les dispositions du décret du 21 juin 1914.

Les Sociétés en Commandites.

Art. 32. — L'article 2, 3°, premier alinéa, de la loi du 29 juin 1872 est modifié ainsi qu'il suit :

« 3° Pour les parts d'intérêts et commandites :

« *a*) Lorsque la société est assujettie au droit de communication en vertu des lois existantes, soit par les délibérations des conseils d'administration, soit, à défaut de délibération, au moyen d'une déclaration à souscrire dans les trois mois de la clôture de l'exercice faisant connaître les bénéfices distribués au cours de l'exercice précédent ;

« *b*) Lorsque la société n'est pas assujettie au droit de communication, par l'évaluation à raison de 8 p. 100 du montant du capital social ou de la commandite, ou du prix moyen des cessions de parts d'intérêts consenties pendant l'année précédente, à moins que l'administration ou les contribuables ne soient en mesure d'établir, dans les formes compatibles avec la procédure en matière d'enregistrement, le montant des bénéfices effectivement distribués, auquel cas la taxe est liquidée d'après le revenu ainsi déterminé. »

Les Tabacs.

Art. 33. — Le prix des tabacs ordinaires à fumer et à mâcher, que la régie vend aux consommateurs, sera fixé par le Ministre des Finances dans les limites d'un maximum de 37 fr. 50 par kilogramme.

Le prix de la poudre ordinaire à priser, vendue aux consommateurs au détail ou en paquets, est fixé à 35 fr. le kilogramme.

Art. 34. — Les tabacs destinés aux troupes de terre et de mer seront vendus aux prix de 4 fr. le kilogramme en ce qui concerne le tabac à fumer et de 8 fr. le kilogramme en ce qui concerne le tabac à mâcher.

Art. 35. — Les tabacs de vente restreinte, destinés aux établissements publics hospitaliers, seront vendus à raison de :

4 fr. le kilogramme pour le tabac à fumer et le tabac à priser ;

8 fr. le kilogramme pour le tabac à mâcher.

La Vente des Allumettes.

Art. 36. — Est abrogée la loi du 2 août 1872 attribuant à l'Etat le monopole de la fabrication et de la vente des allumettes chimiques.

Est interdit l'établissement d'un monopole industriel de la fabrication ou de la vente des allumettes chimiques.

Les peines édictées par l'article 419 du Code pénal sont applicables à tous ceux qui, par association, par réunion ou coalition, auront constitué ou tenté de constituer, au profit d'industries privées, un monopole de fait national ou régional de la fabrication ou de la vente des allumettes chimiques.

Art. 37. — Au cas où l'Etat reprendrait le monopole des allumettes, le prix de rachat dû aux fabricants ne pourra jamais excéder la valeur des immeubles, du matériel, des approvisionnements et des brevets ou licences que l'Etat voudra acquérir.

Art. 38. — Il sera perçu par l'administration des contributions indirectes, sur les allumettes chimiques fabriquées en France ou importées, un droit dont le maximum est fixé comme suit :

TYPES D'ALLUMETTES	Droits de consommation par million d'allumettes
	Francs
1° Allumettes communes en bois souffrées	1.000
2° Allumettes-tisons.......	3.200
3° Allumettes en cire de plus de 40 millimètres de longueur...................	3.500
4° Autres allumettes...................	2.000

Art. 39. — Toutes les mesures relatives au licenciement du personnel, à l'organisation du contrôle et de la perception de l'impôt et, d'une manière générale, toutes dispositions néces-

saires à la mise en application des articles 36 et 38 ci-dessus, seront fixées par décret rendu sur la proposition du Ministre des Finances et soumis à la sanction législative dans un délai de six mois.

Art. 40. — Un décret rendu sur la proposition du Ministre des Finances fixera la date de la mise en vigueur des articles 36, 38 et 39.

Amendes pénales.

Art. 41. — En ce qui concerne les amendes pénales prononcées en France par les cours et tribunaux, le principal est majoré de 30 décimes.

L'article 1er de la loi du 6 prairial an VII, l'article 14 de la loi du 2 juillet 1862, l'article 1er de la loi du 23 août 1871, l'article 2 de la loi du 31 décembre 1873, l'article 110 de la loi du 25 juin 1920, sont abrogés, en ce qui concerne l'application aux amendes pénales des décimes ou demi-décimes qu'ils ont institués.

L'impôt sur les Revenus.

Art. 42. — Le quatrième alinéa de l'article 6 de la loi du 30 mars 1923 est remplacé par le texte suivant :

« Les déductions ci-dessus seront augmentées pour chaque contribuable soumis à l'impôt d'une somme de 3,000 fr. pour sa femme, si celle-ci n'a ni salaire ni revenus personnels, de 3,000 fr. par enfant de moins de dix-huit ans ou infirme et non salarié, et de 2,000 fr. par personne à sa charge dans les mêmes conditions que celles de l'article 7 de la loi du 25 juin 1920. »

Art. 43. — Le 4e alinéa de l'article 7 de la loi du 25 juin 1920 est remplacé par le texte suivant :

« Toutefois, pour chaque enfant au-dessous de vingt et un ans, resté à la charge de ses parents et pour chaque personne au delà de la cinquième, quel que soit son âge, la déduction sera portée à 3.000 francs. »

Familles nombreuses.

Art. 44. — Sous réserve des traités de réciprocité qui existent actuellement ou qui seront passés entre la France et les pays étrangers, les réductions d'impôts ou de taxes, les dégrèvements à la base, les déductions accordées par les lois en vigueur pour des raisons de charges de famille, les réductions sur les prix de transport en chemin de fer prévues au bénéfice des familles nombreuses ne sont applicables qu'aux citoyens français et aux originaires des colonies françaises ou des pays de protectorat.

Revision des Evaluations foncières.

Art. 45. — Une revision exceptionnelle des évaluations foncières dans toutes les communes sera entreprise en 1924 et ses résultats serviront à l'assiette de l'impôt à partir du 1er janvier 1926 et jusqu'à l'application des résultats de la prochaine revision périodique.

Art. 46. — Pour les propriétés bâties, la revision exceptionnelle prévue à l'article précédent sera effectuée suivant les règles applicables à l'exécution des revisions normales.

Les propriétaires d'immeubles loués en tout ou en partie devront adresser au contrôleur des contributions directes du lieu de leur situation, dans les six premiers mois de 1924, une déclaration écrite indiquant, au jour de sa production, le nom des locataires de chaque immeuble et le montant du loyer payé par chacun d'eux.

Toute infraction aux prescriptions de l'alinéa précédent donnera lieu à l'application d'une amende de 100 fr., décimes compris, qui sera encourue autant de fois qu'il sera relevé d'omissions ou d'inexactitudes dans les renseignements qui doivent être fournis en vertu de cet alinéa. Cette amende sera prononcée et recouvrée dans les conditions prévues par l'article 29 de la loi du 31 juillet 1917.

Au cas où la déclaration produite par application des dispositions qui précèdent ferait apparaître des infractions aux prescriptions relatives à l'enregistrement des baux et des locations verbales, ces dernières infractions ne comporteraient pas d'amende et ne donneraient lieu qu'au payement d'un intérêt de retard au taux de 6 p. 100 en sus des droits exigibles.

Art. 47. — Pour les propriétés non bâties, la revision exceptionnelle prévue à l'article 45 de la présente loi sera limitée à la revision des tarifs des évaluations en vue de les mettre en rapport avec le taux actuel des valeurs locatives.

Les dispositions des articles 8 à 11 de la loi du 29 mars 1914 seront applicables à la revision des tarifs prévue à l'alinéa précédent.

En outre, les propriétaires pourront demander des modifications de nature de culture et de classement parcellaire dans les conditions et délais fixés par l'article 15 de la même loi.

Art. 48. — Les revisions périodiques des évaluations foncières prévues par la loi du 29 mars 1914 et suspendues par la loi du 31 juillet 1918 seront entreprises à compter de l'année 1927.

Le point de départ de l'application des résultats de ces revisions est fixé à l'année 1929, tant pour les propriétés bâties que pour les propriétés non bâties.

Toutefois, dans les villes visées par l'article 23 de la loi du 29 mars 1914, l'application des résultats des revisions périodiques concernant l'évaluation des propriétés bâties aura pour point de départ l'année 1931.

Art. 49. — Les articles 45 à 48 inclus ne sont pas applicables dans les départements du Haut-Rhin, du Bas-Rhin et de la Moselle.

Paiements tardifs des Contributions.

Art. 50. — Tout contribuable qui n'aura pas intégralement payé les contributions directes et taxes assimilées assises à son nom et devenues exigibles dans les conditions prévues par l'article 18 de la loi du 31 décembre 1921, devra, sans préjudice des frais afférents aux poursuites dont il aura pu être l'objet, acquitter, sur la portion non soldée, à partir d'une date qui sera fixée annuellement par la loi de Finances, une majoration de 10 p. 100.

En ce qui concerne les contributions et taxes comprises sur tous les rôles émis jusqu'au 31 décembre 1923, la date ci-dessus est fixée au 1er juillet 1924.

Omission ou Insuffisance des Déclarations d'impôts.

Art. 51. — Aucune poursuite ne sera exercée, aucune amende fiscale ne sera répétée contre les redevables qui, ayant, avant la promulgation de la présente loi, omis de souscrire des déclaration d'impôts ou souscrit des déclarations insuffisantes, ou encore indiqué dans des actes portant mutation entre vifs de propriété ou de jouissance de biens immeubles ou de fonds de commerce, des prix inexactes, auront spontanément, dans les six mois de cette promulgation, réparé leurs omissions ou rectifié leurs déclarations antérieures.

Cette disposition ne s'appliquera pas en matière de contribution extraordinaire sur les bénéfices de guerre.

Art. 52. — S'il est établi que le contribuable a agi dans le but de se soustraire frauduleusement au payement total ou partiel des impôts, soit qu'il ait volontairement omis de faire sa déclaration dans les délais prescrits par la loi concernant l'impôt général sur le revenu, les impôts cédulaires et l'impôt de mutation par décès, soit qu'il ait volontairement dissimulé une part des sommes sujettes à l'impôt, il sera passible, indépendamment des sanctions fiscales établies par les lois en vigueur, d'une amende de 1,000 à 5,000 francs, à la condition, en cas de dissimulation, que l'insuffisance atteigne au moins 10 p. 100.

Le tribunal pourra, dans tous les cas, ordonner que le jugement sera publié intégralement ou par extraits dans les journaux qu'il désignera et qu'il sera affiché dans les lieux qu'il indiquera, le tout aux frais du condamné, sans toutefois que les frais de la publication et de l'affichage puissent dépasser 5,000 francs. Les dispositions des six derniers alinéas de l'article 7 de la loi du 1er août 1905 seront applicables.

L'article 463 du code pénal pourra être appliqué.

Préalablement à toutes poursuites, le contribuable sera mis en demeure, par lettre recommandée, de faire ou de compléter sa déclaration dans un délai qui ne pourra être moindre de quinze jours ni excéder un mois.

En cas d'accord, le redevable ne sera passible que de l'amende fiscale. En cas de contestation, il sera statué par la juridiction compétente.

Les poursuites correctionnelles pourront, s'il y a lieu, être engagées, soit dès l'expiration du délai supplémentaire plus haut visé, soit, en cas de déclaration contestée, dès la décision de la juridiction compétente.

Art. 53. — Les complices des délits ci-dessus spécifiés seront punis des mêmes peines, sous les distinctions prévues au paragraphe 1er de l'article 52, sans préjudice des sanctions disciplinaires, s'ils sont officiers publics ou ministériels.

Art. 54. — Sera puni des peines prévues par l'article 52 le contribuable assujetti à l'impôt général sur le revenu qui, encaissant directement ou indirectement des revenus à l'étranger, aura volontairement, soit omis de faire sa déclaration, soit omis d'y inscrire la mention spéciale exigée par le paragraphe 4 de l'article 16 de la loi du 15 juillet 1914, complété par l'article 65 de la présente loi, soit dissimulé une partie des revenus susvisés.

Sera puni des mêmes peines quiconque, en vue de faire échapper à l'impôt tout ou partie de la fortune d'autrui, s'entremet, soit en favorisant les dépôts de titres à l'étranger, soit en y encaissant ou y faisant encaisser, en y négociant ou y faisant négocier des coupons, soit en émettant ou en encaissant des chèques ou tous autres instruments créés pour le payement des dividendes, intérêts, arrérages ou produits quelconques des valeurs mobilières.

Bénéfices de Guerre.

Art. 55. — Sous réserve des dispositions transitoires prévues aux articles 56 à 58 ci-après, les impositions à la contribution extraordinaire sur les bénéfices de guerre cessent d'être payables en rentes sur l'Etat dans les conditions prévues par les lois des 26 octobre 1917 (art. 4), 19 septembre 1918 (art. 7), 30 décembre 1919 (art. 6), 23 août 1920 (art. 7) et 31 décembre 1921 (art. 61).

Art. 56. — Les débiteurs compris dans les rôles de la contribution extraordinaire publiés avant la promulgation de la présente loi conserveront le droit de payer en rentes, dans les deux mois qui suivront ladite promulgation, les impositions ou fractions d'impositions venues à exigibilité depuis moins de deux mois au jour du payement, ainsi que les impositions non encore exigibles.

L'exigibilité visée à l'alinéa précédent est l'exigibilité normale telle qu'elle est définie par les lois des 1er juillet 1916 (art. 16) et 12 août 1919 (art. 3).

Suspensions d'exigibilité.

Art. 57. — Les contribuables qui, à la date du 31 décembre 1921, bénéficiaient soit des suspensions d'exigibilité prévues par les lois des 31 décembre 1918 (art. 15) et 7 mars 1921 (art. 3) en raison de pourvois formés devant la commission supérieure ou de demandes en détaxe pour déficit d'exploitation, soit de sursis de réinvestissement accordés en vertu de la loi du 25 juin 1920 (art. 19) et qui ont effectué dans le délai prévu par la loi du 31 décembre 1921 (art. 61) la déclaration des inscriptions de rente au moyen desquelles ils entendaient se libérer, conserveront le droit de donner lesdites inscriptions en payement pendant un délai de deux mois qui aura pour point de départ la promulgation de la présente loi.

En outre, s'ils déposent au Trésor, en garantie de payement de l'impôt, dans les deux mois de la promulgation de la présente loi, les titres déclarés dans le délai prévu par la loi du 31 décembre 1921 (art. 61), les bénéficiaires des suspensions d'exigibilité prévues par les lois des 31 décembre 1918 (art. 15) et 7 mars 1921 (art. 3) pourront conserver le droit de donner lesdites inscriptions en payement jusqu'à l'expiration du mois qui suivra la notification de la décision prise à leur égard par la commission de taxation.

Art. 58. — Sont et demeurent déchues du droit de payer en rentes les cotes ou fractions de cote venues à exigibilité depuis plus de deux mois, par application des règles rappelées au second alinéa de l'article 56, les personnes comprises dans les rôles de la contribution extraordinaire mis en recouvrement après le 31 décembre 1921, et qui ont attaché effet suspensif à des pourvois ou à des demandes en détaxe ou ont obtenu des sursis de réinvestissement.

Toutefois, les contribuables ayant attaché effet suspensif aux réclamations pourront, en ce qui concerne les titres qu'ils justifieront avoir souscrits à l'émission, bénéficier des dispositions du dernier alinéa de l'article précédent.

Art. 59. — Peuvent être adjoints en qualité de rapporteurs à la commission supérieure instituée par l'article 11 de la loi du 1er juillet 1916, des fonctionnaires appartenant aux corps de contrôle de l'armée, de la marine et des colonies et éventuellement des fonctionnaires ou anciens fonctionnaires dûment qualifiés, figurant sur une liste dressée par le président de la commission et les présidents de section.

A partir du 1er janvier 1924, le taux des intérêts afférents aux cotes ou portions de cote de la contribution extraordinaire sur les bénéfices de guerre dont les contribuables ont été autorisés à différer le payement en vertu des articles 15 de la loi du 31 décembre 1918, 3 de la loi du 7 mars 1921 et 19 de la loi du 25 juin 1920, est fixé à 10 p. 100.

Dégrèvements.

Art. 60. — Les dégrèvements, détaxes et remises, alors même qu'ils auraient fait l'objet d'ordonnancements avant la promulgation de la présente loi, afférents à des cotes de contribution extraordinaire sur les bénéfices de guerre qui auront été acquittés en tout ou partie par dation de rentes sur l'Etat donneront lieu à la restitution aux intéressés, dans la mesure de cette dation et avec jouissance du jour de l'ordonnancement, des titres du même type et de la même valeur en rente que ceux donnés en payement.

Le Ministre des Finances rétablira au grand-livre de la dette publique les rentes annulées jusqu'à concurrence des restitutions ainsi opérées.

Paiements d'Intérêts et Dividendes.

Art. 61. — Toute personne ou tout établissement qui fait profession de payer des intérêts, dividendes, revenus et autres produits de valeurs mobilières, ou dont la profession comporte à titre accessoire un payement de cette nature, ne peut se livrer à ces opérations qu'en vertu d'une autorisation, toujours révocable, du Ministre des Finances, sauf recours au Conseil d'Etat.

Bordereau de Coupons.

Art. 62. — Aucun payement d'intérêts, dividendes, revenus et autres produits de valeurs mobilières non déposées chez l'une des personnes ou sociétés visées au troisième alinéa de l'article 15 de la loi du 25 février 1901, ne peut être effectué que sur la production d'un bordereau comportant un talon signé du recuérant, justifiant de son identité, et contenant l'indication de ses nom, prénoms, nationalité, domicile et résidence réels.

Les coupons présentés sont, sauf preuve contraire, réputés propriété du requérant.

Dans le cas où le requérant déclarerait présenter les coupons pour le compte de tiers, il devra, sous sa responsabilité, consigner sur le talon du bordereau, les nom, prénoms, nationalité, domicile et résidence des propriétaires réels.

Le bordereau nominatif n'est pas exigible lors d'une présentation de coupons pour compte de tiers par les personnes ou établissements ayant obtenu l'autorisation visée à l'article 61.

Art. 63. — Les bordereaux seront conservés pendant les cinq années qui suivent celles du payement par les personnes ou établissements payeurs.

Ils seront classés et présentés à toute réquisition des agents désignés à l'article 64.

Art. 64. — Les pouvoirs appartenant aux agents de l'enregistrement, par application de la législation en vigueur, à l'égard des sociétés par actions, peuvent être exercés à l'égard des personnes et établissements visés à l'article 61.

Les mêmes pouvoirs sont étendus, pour le contrôle de l'impôt général sur le revenu, aux agents de l'administration des contributions directes ayant au moins le grade de contrôleur.

Art. 65. — Le paragraphe 4 de l'article 16 de la loi du 15 juillet 1914 est complété comme suit :

« Elles mentionneront distinctement le montant des revenus, de quelque nature qu'ils soient, encaissés directement ou indirectement à l'étranger. »

Art. 66. — Toute personne visée à l'article 61 et qui procède à l'encaissement ou effectue le payement de coupons en provenance de l'étranger est tenue de présenter ou d'exiger la production, à l'appui desdits coupons, soit des bordereaux nominatifs visés à l'article 62, soit d'affidavits établis dans la forme prévue par l'article 11 du règlement d'administration publique du 24 juin 1914.

Art. 67. — Toute contravention aux dispositions des articles 61 et 63 sera punie d'une amende de 1,000 à 10,000 francs en principal.

Toute contravention aux dispositions des articles 62 et 66 sera punie d'une amende égale au montant des coupons présentés à l'encaissement.

Les amendes seront constatées par le directeur des contributions directes. Elles seront recouvrées et les réclamations auxquelles elles donneront lieu seront présentées, instruites et jugées comme en matière d'impôt général sur le revenu.

Toute personne qui, dans la rédaction du talon du bordereau, aura fourni volontairement des indications inexactes, sera punie d'une amende de 500 à 10,000 francs et, en cas de récidive, outre l'amende, d'une peine d'emprisonnement de six jours à six mois ou de l'une de ces deux peines.

Les mêmes peines seront appliquées en cas d'usage frauduleux ou de tentative d'usage frauduleux d'un affidavit.

Les auteurs et complices du délit visé à l'alinéa ci-dessus seront en outre solidairement passibles d'une amende de 10,000 à 20,000 francs.

L'article 463 du code pénal est. applicable aux délits ci-dessus énumérés.

Art. 68.— Un décret contresigné du Ministre des Finances fixera les conditions d'application des articles 61 à 67 de la présente loi.

Commerce des Changes.

Art. 69. — A partir de la promulgation de la présente loi, quiconque veut faire profession ou commerce de recueillir, acheter ou vendre, négocier, escompter, encaisser ou payer des monnaies ou devises étrangères : coupons, titres d'actions ou d'obligations négociables ou non négociables, quels que soient leur dénomination et le lieu de leur création, dont le montant ou le prix est payable à l'étranger en monnaies étrangères ou payable en France en monnaie française sur une disposition de l'étranger ou après négociation à l'étranger, est tenu, avant toute opération, d'en obtenir l'autorisation écrite du Ministre des Finances et de faire la déclaration de cette profession ou de ce commerce au bureau de l'enregistrement de sa résidence, et, s'il y a lieu, au bureau de l'enregistrement de chacune de ses succursales ou agences. Cette déclaration ne pourra être reçue que si elle est accompagnée de ladite autorisation écrite du Ministre des Finances. L'autorisation du Ministre des Finances est toujours révocable.

Les personnes qui, antérieurement à la promulgation de la présente loi, ont fait la déclaration qui était prévue à l'article 1er de la loi du 1er août 1917 sont provisoirement autorisées à continuer leurs opérations. Pendant un délai qui sera fixé par arrêté du Ministre des Finances et après examen de ces déclarations, le Ministre des Finances pourra leur enlever le droit de tenir le répertoire. Après expiration de ce délai, les personnes auxquelles le Ministre des Finances n'aura pas retiré le droit de tenir le répertoire seront assimilées à celles qui ont obtenu l'autorisation prévue au paragraphe 1er du présent article.

Pénalités.

Art. 70. — Les contraventions aux prescriptions de l'article 69 de la présente loi et des articles 2, 3 et 4 de la loi du 1ᵉʳ août 1917, ainsi qu'à celles des arrêtés ministériels prévus à l'article 4 de la loi du 1ᵉʳ août 1917, seront constatées par des procès-verbaux dressés par les agents dont la désignation est prévue audit article 4.

Les poursuites ne pourront être exercées qu'à la requête du Ministre des Finances.

Le Ministre des Finances est autorisé à transiger, et le retrait de sa plainte avant le jugement entraînera l'abandon des poursuites.

Les infractions à l'article 69 de la présente loi seront punies d'une amende de 1,000 à 5,000 fr. et d'un emprisonnement d'un mois à six mois ou de l'une de ces deux peines seulement.

Les infractions aux articles 2, 3 et 4 de la loi du 1ᵉʳ août 1917 et aux arrêtés ministériels prévus à l'article 4 de ladite loi seront punies d'une amende de 1,000 à 5,000 francs.

Les dispositions de l'article 463 du code pénal sont applicables aux articles 69 et 70 de la présente loi et restent applicables aux articles 2, 3 et 4 de la loi du 1ᵉʳ août 1917 et aux arrêtés ministériels prévus à l'article 4 de ladite loi.

Art. 71. — Les dispositions des articles 1ᵉʳ et 5 de la loi du 1ᵉʳ août 1917 et 14 de la loi du 28 février 1921 sont modifiées ou remplacées en ce qu'elles ont de contraire, par celles des articles 69 et 70 de la présente loi dans tous les textes en vigueur.

Art. 72. — A partir de la promulgation de la présente loi et sous réserve des dérogations que pourra accorder le Ministre des Finances, la déclaration écrite prévue au paragraphe 3 de l'article 2 de la loi du 3 avril 1918 (modifié par la loi du 31 mars 1922) devra, dans les cas prévus à l'alinéa 3 de l'article 4 de ladite loi, être revêtue de l'avis favorable de la Chambre de Commerce du domicile du déclarant ou de tous autres organismes agréés.

Le refus d'avis favorable sera motivé par la Chambre de Commerce où l'organisme agréé. L'intéressé pourra demander au Ministre des Finances l'autorisation d'effectuer l'opération qui aura donné lieu à ce refus.

Est à considérer comme exportation de capital, dans le sens de la loi du 3 avril 1918, le fait qu'un exportateur laisse à l'étranger le prix des marchandises exportées, à moins que cet exportateur ne justifie qu'il a besoin de ce prix pour payer des marchandises qu'il a importées ou qu'il importera dans les six mois. Un arrêté ministériel réglera les conditions d'application de la disposition contenue dans le présent alinéa.

Art. 73. — Les contraventions à l'article 72 de la présente loi sont passibles des sanctions prévues par l'article 9 de la loi du 3 avril 1918, par l'article 13 de la loi du 28 février 1921 et par l'article unique *in fine* de la loi du 31 mars 1922.

Art. 74. — Un décret rendu sur la proposition du Ministre des Finances pourra à toute époque suspendre l'application des dispositions de l'article 72 de la présence loi.

Art. 75. — L'article 9 de la loi du 3 avril 1918 est complété par les dispositions suivantes qui seront insérées après l'avant-dernier paragraphe dudit article :

« Les infractions aux dispositions de l'article 1ᵉʳ, toutes tentatives en vue de les commettre, ainsi que les déclarations ou justifications prévues à l'article 2 qui auront été reconnues fausses seront passibles des amendes prévues ci-dessus et d'un emprisonnement d'un mois à six mois ou de l'une de ces deux peines seulement. »

Art. 76. — Les dispositions de l'article 13 de la loi du 28 février 1921 et de l'article unique *in fine* de la loi du 31 mars 1922 sont applicables dans les cas prévus à l'article 75 de la présente loi.

Art. 77. — Les articles 69 et 76 de la présente loi sont applicables à l'Algérie.

Service postal.

Art. 78. — Dans le régime intérieur, ainsi que dans les relations franco-coloniales et intercoloniales, les taxes postales des objets de correspondance désignés ci-après sont fixées comme suit :

I. — *Lettres et paquets clos.*

Jusqu'à 20 grammes...................... 25 centimes
De 20 à 50 grammes..................... 45 centimes
De 50 à 100 grammes.................... 60 centimes
Au-dessus de 100 grammes............... 20 centimes
    par 100 grammes ou fraction de 100 grammes.

II. — *Papiers de commerce et d'affaires.*

Les taxes et conditions d'admission sont les mêmes que celles des lettres et paquets clos.

Par exception, sont admis au tarif de 20 centimes jusqu'à 20 grammes :

1° Les factures, relevés de compte ou de factures, bordereaux d'expéditions et notes d'honoraires, expédiés sous bande, sous enveloppe ouverte ou sur carte à découvert et ne comportant pas d'indications manuscrites autres que celles afférentes à la date, au nom et à l'adresse du débiteur et du créancier, au numéro de la facture, à la date et au numéro de la commande et du bon de livraison, à la nature des marchandises, à leur quantité, à leur prix, au mode d'expédition, à la nature et au montant des honoraires, à la date, au lieu et mode de payement ;

2° Les certificats de vie et les quittances concernant l'exécution de la loi sur les retraites ouvrières et paysannes, expédiés sous pli ouvert. Ces objets de correspondance devront porter du côté de l'adresse, en caractères très apparents, la mention « Application de la loi sur les retraites ouvrières et paysannes. »

III. — *Cartes postales illustrées.*

a) Cartes postales illustrées, dont la moitié du recto est réservée à la correspondance, l'autre moitié à l'adresse, et dont le verso est occupé par une illustration ou gravure à l'exclusion de toute annotation manuscrite, 15 centimes ;

b) Ce tarif sera réduit à 10 centimes quand elles ne porteront que la date, la signature de l'expéditeur et cinq mots au plus de correspondance ;

c) Les cartes illustrées ne portant aucun titre, ainsi que celles portant le titre « imprimé », « imprimé illustré » ou toute autre mention analogue, sont passibles du tarif des cartes postales illustrées.

IV. — *Imprimés.*

Imprimés non périodiques. — 1°- Imprimés présentés à l'affranchissement en numéraires ou affranchis au moyen de timbres oblitérés d'avance ou d'empreintes de machines à affranchir déposés en nombre au moins égal à 1,000, triés et enliassés par départements et par bureaux de distribution.

Jusqu'au poids de 20 grammes, 4 centimes ;

2° Imprimés dits « urgents » (prix-courant, mercuriales, cotes de bourse ou d'office de publicité et de vente, lettres de convocation et d'invitation, avis de passage des voyageurs de commerce, avis de naissance, de mariage ou de décès, affiches, épreuves d'imprimerie et copies destinées à l'impression dans les journaux) ;

Taxe additionnelle, 5 centimes par objet ;

3° Cartes de visite contenant les indications manuscrites ou imprimées ci-après :

Nom, prénoms, qualité ou profession, et adresse de l'expéditeur ; jours et heures de consultation ou de réception, 5 centimes.

Cartes de visite portant toutes indications imprimées ou manuscrites autres que celles indiquées ci-dessus :

Jusqu'à cinq mots........................ 15 centimes.
Au-dessus de cinq mots.................... 25 centimes.

V. — *Droit fixe de recommandation.*

Lettres, paquets clos et cartes postales ordinaires, 60 centimes.
Objets affranchis à prix réduit, 40 centimes.
Enveloppes de valeur à recouvrer, 40 centimes. .

VI. — *Droit d'assurance des lettres et des boîtes de valeur déclarée.*

Jusqu'à 1,000 francs......................... 40 centimes
Par 1,000 fr. ou fractions de 1,000 fr. excédant.. 25 centimes

VII. — *Taxe des objets non ou insuffisamment affranchis.*

En cas d'absence ou d'insuffisance d'affranchissement, les objets de correspondance de toute nature sont passibles d'une taxe double du montant de l'affranchissement manquant, sans que cette taxe puisse être inférieure à 5 centimes pour les journaux et publications périodiques ou à 20 centimes pour les autres objets ; toute taxe comportant une fraction de demi-décime est arrondie au demi-décime entier.

Art 79. — Les objets de correspondance transportés par la voie de l'air soit en France, soit de France à l'étranger, sont passibles, en sus des taxes postales ordinaires applicables aux envois de même catégorie, des taxes supplémentaires dont le taux, dans chaque cas particulier, sera fixé par décret ratifié par la prochaine loi de finances.

Art. 80. — Les mandats émis en représentation de chèques d'assignation et les chèques au porteur sont soumis au droit proportionnel ci-après :

25 centimes.................... jusqu'à 5 francs
30 centimes.................... de 5 fr. 01 à 10 francs.
35 centimes.................... de 10 fr. 01 .à 15 francs
40 centimes.................... de 15 fr. 01 à 20 francs
50 centimes.................... de 20 fr. 01 à 50 francs
75 centimes.................... de 50 fr. 01 à 100 francs
1 franc....................... de 100 fr 01 à 300 francs
1 franc 25.................... de 300 fr. 01 à 500 francs

Au-dessus de 500 francs, 1 fr 25 pour les premiers 500 francs et 40 centimes par 500 francs ou fraction de 500 francs excédant.

Les payements de l'espèce ne sont pas soumis à la taxe de factage.

Chèques postaux.

Art. 81. — Les retraits de fonds sur les comptes courants postaux effectués au moyen soit de chèques de virement, soit de chèques de payement, donnent lieu à l'application d'une taxe supplémentaire de 50 centimes lorsqu'ils n'ont pu être suivis d'effet, faute de provision suffisante, à l'issue du quatrième jour suivant leur réception.

Cette taxe est prélevée d'office sur le compte des tireurs.

Taxes télégraphiques.

Art. 82. — Dans le régime intérieur, les taxes télégraphiques sont fixées ainsi qu'il suit :

a) Télégrammes privés ordinaires :

Taxe de 15 centimes par mot jusqu'à 10 mots, 20 centimes par mot à partir du 11e mot. Le minimum de perception est de 1 fr. 50.

b) Télégrammes urgents, jouissant de la priorité de transmission et de remise :

Taxe triple de la taxe des télégrammes ordinaires.

Les télégrammes avec priorité, acheminés par les câbles franco-algériens et franco-tunisiens, sont supprimés ;

c) Télégrammes sémaphoriques ;

Taxe maritime : 15 centimes par mot jusqu'à 10 mots, 20 centimes par mot à partir du 11e mot, avec minimum de 1 fr. 50 et maximum de 2 fr. 70.

d) Adresses télégraphiques :

Le taux de l'abonnement relatif aux adresses enregistrées est fixé à :

ABONNEMENTS	PARIS	VILLES de 80.000 habitants et au-dessus	VILLES comptant moins de 80.000 habitants
	Francs	Francs	Francs
Pour un an.	150	100	50
Pour un semestre.	90	60	30
Pour un mois.	20	15	5

Une taxe de 60 centimes est applicable dans toutes les localités, quel que soit le chiffre de la population, aux télégrammes portant une adresse conventionnelle antérieurement enregistrée et pour laquelle la taxe d'abonnement a cessé d'être payée par le destinataire.

c) Correspondances·pneumatiques :

Jusqu'à 7 grammes.............................. 75 centimes
Au-dessus de 7 grammes et jusqu'à 15 grammes.. 1 franc 25
Au-dessus de 15 grammes et jusqu'à 30 grammes.. 2 francs

f) Redevances pour droit d'usage des lignes d'intérêt privé :
Lignes desservies par téléphone ou par télégraphe :

Par kilomètre de. ligne et par an............ 60 francs
Par poste en sus de deux et par an........... 60 francs

Lignes desservant des sonneries et des appareils de signaux, par ligne et par an, 20 francs.

Service téléphonique.

Art. 83. — Les abonnements au service téléphonique sont concédés sous le régime des conversations taxées au fur et à mesure de l'équipement approprié des bureaux.

Art. 84. — Aucun abonnement forfaitaire ne sera consenti, ni maintenu, dans les réseaux soumis au régime des conversations taxées.

Le taux annuel des abonnements principaux à conversations taxées est fixé ainsi qu'il suit :

360 fr., réseaux de plus de 20,000 abonnés ;
240 fr., réseaux de 2,001 à 20.000 abonnés ;
150 fr. réseaux ayant au plus 2,000 abonnés.

La taxe unitaire des conversations locales de jour et de nuit sera abaissée à 15 centimes pour les conversations échangées à partir des postes d'abonnés.

Les mesures. transitoires, le minimum de perception des taxes de. communications, le régime des lignes spécialisées et des lignes à fort trafic seront fixés dans les mêmes conditions que les taxes accessoires et parts contributives, après avis du Conseil supérieur des Postes, des Télégraphes et des Téléphones.

Art. 85. — Dans les réseaux, les abonnés, y compris ceux qui supportent les frais d'installation et d'entretien des postes supplémentaires, au nombre de plus de 10, rattachés à une même installation, doivent s'engager à souscrire un nouvel abonnement principal dès que le trafic annuel moyen par ligne non spécialisée atteint 6.000 communications au départ.

Les communications demandées par les abonnés dont le trafic de départ excède 6.000 communications par ligne non spécialisée sont soumises à un nouvel abonnement ou à la double taxe.

Art. 86. — La taxe unitaire des. conversations de jour entre réseaux appartenant à un même département est fixée à 1 fr. 20.

La taxe des conversations de jour entre réseaux appartenant à des départements différents est calculée d'après la distance, mesurée à vol d'oiseau, de chef-lieu de département à chef-lieu de département, à raison de 75 centimes par 50 kilomètres ou fraction de 50 kilomètres, sans pouvoir être inférieure à 1 fr. 50.

Toutefois les taxes unitaires fixées aux deux paragraphes précédents sont réduites :

1° A 60 centimes pour les conversations échangées par des lignes téléphoniques dont la longueur totale réelle ne dépasse pas 25 kilomètres, les conversations échangées entre réseaux de localités appartenant à un même canton ou à des cantons limitrophes et les conversations échangées entre le réseau d'une ville siège de plusieurs chefs-lieux de canton et les réseaux des localités situées dans l'un quelconque de ces cantons ;

2° A 30 centimes pour les communications suburbaines. Les relations qui bénéficieront de cette taxe seront désignées par décret.

Pour l'application des taxes interurbaines, les départements de la Seine et de Seine-et-Oise sont considérés comme formant un seul département.

Les taxes de 30 centimes, 60 centimes et 1 fr. 20 visées ci-dessus sont fixées à 50 centimes, 75 centimes et 1 fr 25, lorsque les communications correspondant respectivement à chacune de ces taxes sont demandées à partir d'une cabine publique ou d'un poste à payement ou enregistrement préalable.

Art. 87. — Il est formellement interdit aux abonnés de modifier en quoi que ce soit les installations téléphoniques dont l'usage leur est concédé.

Lorsque l'existence d'une installation clandestine quelconque est constatée, une surtaxe fixe de 500 fr. est perçue sur l'abonné sans préjudice du versement à l'Etat du montant des redevances non perçues.

Il est procédé d'office à la régularisation de l'installation à partir de la date présumée de sa mise en service qui peut être reportée à la date de la dernière vérification effectuée par un agent de l'administration. Le montant des redevances à reverser doit, dans tous les cas, être calculé pour une période au moins égale à une année.

Art. 88. — Les concessionnaires de fils télégraphiques de presse dans les bureaux privés desquels des agents de l'administration des Postes et des Télégraphes sont détachés pour assurer l'exploitation de ces fils remboursent dans tous les cas :

Par période semestrielle et d'avance, le traitement de ces agents au taux moyen annuel fixé par la loi de finances ;

Au commencement de chaque mois, le montant des indemnités diverses liquidées pour le mois antérieur au profit de chacun de ces agents.

Art. 89. — L'article 74 de la loi de finances du 30 juin 1923 est complété comme suit :

« Lorsque, au cours d'un exercice, les comptes financiers présentés par l'agent comptable font apparaître un excédent de dépenses, les mesures propres à rétablir d'équilibre des recettes, et des dépenses d'exploitation sont présentées, dans les deux mois, au conseil institué par l'article 69 de la loi de finances du 30 juin 1923 et, s'il y a lieu, soumises à l'approbation des Chambres dans la plus prochaine session. »

Art. 90. — Sont abrogées toutes les dispositions législatives et réglementaires contraires aux dispositions des articles 78 et 89 de la présente loi qui sont applicables aux départements du Haut-Rhin, du Bas-Rhin et de la Moselle.

Pensions de Guerre.

Art. 91. — A partir du 1ᵉʳ janvier 1924, les crédits nécessaires pour assurer le payement des pensions attribuées aux victimes de la guerre, en exécution des lois des 31 mars et 24 juin 1919, cessent d'être inscrits au budget de l'Etat.

Il est institué, pour assurer la charge financière de ces payements, une caisse autonome dite « Caisse des pensions de la guerre ».

Art. 92. — Il est inscrit chaque année au budget une annuité destinée à amortir en cinquante ans les dépenses en capital et intérêts effectuées par la Caisse des pensions pour le payement des pensions visées à l'article 91.

Art. 93. — Le Ministre des Finances est autorisé à émettre, pour le compte de la Caisse des pensions, des obligations amortissables dont le montant maximum est fixé chaque année par la loi de finances. Les sommes nécessaires au service d'amortissement et d'intérêts desdites obligations sont prélevées sur l'annuité budgétaire prévue par l'article 92.

Art. 94. — Les obligations émises pour le compte de la Caisse des pensions sont exemptes d'impôts et garanties par l'Etat. Le taux et l'époque des émissions, la nature, la forme et le mode de transfert des titres, le mode et les époques d'amortissement et de payement des intérêts seront déterminés par décret.

Art. 95. — Les obligations émises en vertu de la présente loi peuvent servir d'emploi ou de remploi au fonds des incapables, des femmes mariées, quel que soit leur régime matrimonial, des communes, des établissements publics et d'utilité publique, des particuliers et collectivités autorisés ou obligés à employer leurs capitaux en rentes sur l'Etat.

Art. 96. — Les dispositions de l'article 16 de la loi du 15 juin 1872 exemptant certains titres de l'application de cette loi ne sont pas étendues aux obligations émises pour le compte de la Caisse des pensions.

Il est institué au grand-livre de la dette publique une section spéciale consacrée auxdites obligations.

Art. 97. — Le Ministre des Finances fera à la Caisse des pensions, en attendant la réalisation des émissions autorisées, des avances sur les ressources de la dette flottante jusqu'à concurrence du montant maximum desdites émissions prévues par la loi de finances. Il fixe le taux d'intérêts de ces avances.

Art. 98. — Les titulaires de pensions concédées en vertu des lois des 31 mars et 24 juin 1919 peuvent demander à la Caisse des pensions la transformation totale ou partielle de leur pension en une pension différée dont la valeur en capital soit équivalente. L'entrée en jouissance de la pension différée est fixée au choix du titulaire.

Les majorations de pensions pour enfants mineurs, prévues par les lois précitées, peuvent également être transformées sur demande adressée à la Caisse des pensions en un capital différé équivalent, payable à la majorité de l'enfant.

Les transformations visées aux alinéas précédents sont effectuées d'après les règles et les tarifs prévus par la loi du 20 juillet 1886 et les lois subséquentes sur les opérations de la Caisse nationale des Retraites pour la vieillesse.

Les pensions différées instituées par le présent article sont inscrites à une section spéciale du grand-livre de la dette viagère.

Art. 99. — Les ressources de la Caisse des pensions comprennent :

1° L'annuité budgétaire ;

2° Le produit net des émissions d'obligations ;

3° Les produits de son portefeuille ;

4° Les dons et legs, ceux-ci étant exonérés de tous droits de mutation.

Elle a à sa charge :

1° Le versement à l'agent contrôleur du payement des pensions de sommes égales aux dépenses centralisées dans les écritures de cet agent comptable et qui concernent les pensions attribuées aux victimes de la guerre ;

2° Le payement des intérêts dus par la caisse ;

3° Le remboursement des titres émis ;

4° Les dépenses nécessitées par le fonctionnement de la caisse.

La comptabilité de la Caisse des pensions est tenue par un

comptable spécial justiciable de la Cour des Comptes et dont le cautionnement est déterminé par le Ministre des Finances.

Art. 100. — La Caisse des Dépôts et Consignations est chargée de la gestion financière de la Caisse des pensions de la guerre ; à ce titre elle effectue, sur la désignation de la caisse des pensions, les placements et réalisations de valeurs appartenant à ce dernier organisme moyennant le simple remboursement des droits et frais de courtage, d'acquisition ou d'aliénation. Les placements sont opérés en valeurs de l'Etat et les sommes non employées sont versées en compte courant au Trésor dans les limites d'un maximum et à un taux qui seront fixés et modifiés par décret.

Un règlement d'administration publique, rendu sur la proposition du Ministre des Finances, après avis de la commission de surveillance de la Caisse des Dépôts et Consignations déterminera les mesures d'exécution relatives à la gestion financière.

Art. 101. — Le Conseil d'Administration de la Caisse des pensions de la guerre est composé de la façon suivante :

2 Membres du Sénat et 2 membres de la Chambre des Députés ;

3 Représentants de l'Administration des finances ;

2 Représentants du Ministère des pensions ;

Le directeur général de la Caisse des Dépôts te Consignations ;

2 Représentants des pensionnés désignés après accord entre le Ministre des pensions et le Ministre des Finances ;

1 Représentant de l'Office national des mutilés et réformés de guerre.

Les membres du Conseil d'Administration sont nommés, sur la proposition du Ministre des Finances, par un décret qui désigne parmi eux le président.

Art. 102. — Un règlement d'administration publique déterminera les conditions d'application des articles 91 à 101 de la présente loi.

La Répercussion sur le Budget de 1924.

Art. 103. — Les autorisations d'émission de valeurs du Trésor à court terme prévues par l'article 3 de la loi du 28 décembre 1923 au total de 13 milliards pour l'année 1924, sont ramenées au total de 7 milliards dont 4 milliards au titre du budget général et 3 milliards au titre du budget spécial des dépenses recouvrables.

Art. 104. — Les voies et moyens applicables aux dépenses du budget général de l'exercice 1924, en exécution de l'article 213 de la loi du 30 juin 1923 et de l'article 1er de la loi du 28 décembre 1923, sont augmentés d'une somme de 3,341,131,100 francs, correspondant aux produits à attendre en 1924, conformément à l'état ci-annexé, des ressources nouvelles autorisées par la présente loi.

Art. 105. — Il est ouvert au Ministre des Finances, en addition aux crédits alloués, pour les dépenses extraordinaires de l'exercice 1924, par la loi du 29 décembre 1923 et par des lois spéciales, un crédit extraordinaire de 3,433,233,786 fr., qui sera inscrit à un chapitre nouveau N L : « Subvention au budget spécial des dépenses recouvrables ».

Il sera pourvu aux crédits ci-dessus au moyen des ressources du budget général de l'exercice 1924.

Art. 106. — Sur les crédits ouverts au Ministre des Travaux publics pour les dépenses du budget général de l'exercice 1924, en application de l'article 213 de la loi de finances du 30 juin 1923, une somme de 92,102,786 francs, est et demeure définitivement annulée au titre du chapitre 99 de la 1re section du budget de son département : « Insuffisance du produit de l'exploitation du budget annexe des postes, des télégraphes et des téléphones ».

Art. 107. — Les évaluations de recettes du budget annexe des postes, des télégraphes et des téléphones, pour l'exercice 1924, sont augmentées d'une somme de 107,174,250 francs, qui sera inscrite aux chapitres ci-après :

1re Section. — Recettes ordinaires.

Chap. 1er — Produits des postes..................	F.	59,625,000
Chap. 2. — Produits des télégraphes............	»	4,724,250
Chap. 3. — Produits des téléphones.............	»	41,025,000
Chap. 4. — Produits des articles d'argent......	»	750,000
Chap. 7. — Produits divers....................	»	1,050,000
Total égal....................	F.	107,174,250

Elles sont réduites d'une somme de 92,102,786 francs au titre du chapitre 12 « Avances du Trésor ».

La présente loi, délibérée et adoptée par le Sénat et par la Chambre des Députés, sera exécutée comme loi de l'Etat.

Fait à Paris, le 22 mars 1924.

A. MILLERAND.

Par le Président de la République :

Le Président du Conseil,
Ministre des Affaires Etrangères,

R. POINCARÉ.

Le Ministre des Finances,

CH. DE LASTEYRIE.

Imprimerie du Journal LE HAVRE (O. Randolet)

35, Rue Fontenelle, 35